Mon album illustré bilingue
Моја двојезична сликовница
Moja dvojezična slikovnica

Les plus beaux contes pour enfants de Sefa en un seul volume

Ulrich Renz • Barbara Brinkmann:

Dors bien, petit loup ·

Лепо спавај, мали вуче (Lepo spavaj, mali vuče)

À lire à partir de 2 ans

Cornelia Haas • Ulrich Renz:

Mon plus beau rêve

Мој најлепши сан (Moj najlepši san)

À lire à partir de 2 ans

Ulrich Renz • Marc Robitzky:

Les cygnes sauvages

Дивљи Лабудови (Divlji Labudovi)

D'après un conte de fées de Hans Christian Andersen

À lire à partir de 5 ans

© 2024 by Sefa Verlag Kirsten Bödeker, Lübeck, Germany. www.sefa-verlag.de

Special thanks to Paul Bödeker, Freiburg, Germany

All rights reserved.

ISBN: 9783756304646

Traduction:

Céleste Lottigier (français)

Goran Milovanović (serbe)

Livre audio et vidéo :

www.sefa-bilingual.com/bonus

Accès gratuit avec le mot de passe:

français: LWFR1527

serbe: audio not yet available

Nous nous efforçons de rendre le plus grand nombre possible de nos livres bilingues disponibles sous forme de livres audio et de vidéos.

Bonne nuit, Tim ! On continuera à chercher demain.
Dors bien maintenant !

Лаку ноћ, Тим! Тражићемо сутра даље.
А сада лепо спавај!

Laku noć, Tim! Tražićemo sutra dalje.
A sada lepo spavaj!

Dehors, il fait déjà nuit.

Напољу је већ мрак.

Napolju je već mrak.

Mais que fait Tim là ?

Шта Тим то ради тамо?

Šta Tim to radi tamo?

Il va dehors, à l'aire de jeu.
Qu'est-ce qu'il y cherche ?

Кренуо је према игралишту.
Шта ли тражи тамо?
Krenuo je prema igralištu.
Šta li traži tamo?

Le petit loup !
Sans lui, il ne peut pas dormir.

Малог вука!
Без њега не може да спава.
Малог вука!
Без њега не може да спава.

Mais qui arrive là ?

Ко то тамо долази?

Ko to tamo dolazi?

Marie ! Elle cherche son ballon.

Марија! Она тражи своју лопту!

Marija! Ona traži svoju loptu.

Et Tobi, qu'est-ce qu'il cherche ?

А шта тражи Тоби?

A šta traži Tobi?

Sa pelleteuse.

Свог багера.

Svog bagera.

Et Nala, qu'est-ce qu'elle cherche ?

А шта тражи Нала?

A šta traži Nala?

Sa poupée.

Своју лутку.

Svoju lutku.

Les enfants ne doivent-ils pas aller au lit ?
Le chat est très surpris.

Зар не би требала деца да буду у својим креветима?
Мачка се јако зачуди.
Zar ne bi trebala deca da budu u svojim krevetima? Mačka se jako začudi.

Qui vient donc là ?

А ко то сад долази?

A ko to sad dolazi?

Le papa et la maman de Tim !
Sans leur Tim, ils ne peuvent pas dormir.

Мама и тата од Тима!
Не могу да спавају без свог Тима.

Mama i tata od Tima!
Ne mogu da spavaju bez svog Tima.

Et en voilà encore d'autres qui arrivent !
Le papa de Marie. Le papi de Tobi. Et la maman de Nala.

Долази све више људи! Маријин тата.
Тобијев деда. И Налина мама.
Dolazi sve više ljudi! Marijin tata.
Tobijev deda. I Nalina mama.

Vite au lit maintenant !

А сад брзо у кревет!

A sad brzo u krevet!

Bonne nuit, Tim !
Demain nous n'aurons plus besoin de chercher.

Лаку ноћ, Тим!
Сутра не морамо више тражити.
Laku noć, Tim!
Sutra ne moramo više tražiti.

Dors bien, petit loup !

Лепо спавај, мали вуче!
Lepo spavaj, mali vuče!

Traduction:

Martin Andler (français)

Karmen Fedeli (serbe)

Livre audio et vidéo :

www.sefa-bilingual.com/bonus

Accès gratuit avec le mot de passe:

français: **BDFR1527**

serbe: **audio not yet available**

Nous nous efforçons de rendre le plus grand nombre possible de nos livres bilingues disponibles sous forme de livres audio et de vidéos.

Lulu n'arrive pas à s'endormir. Tous les autres rêvent déjà – le requin, l'éléphant, la petite souris, le dragon, le kangourou, le chevalier, le singe, le pilote. Et le bébé lion. Même Nounours a du mal à garder ses yeux ouverts.

Eh Nounours, tu m'emmènes dans ton rêve ?

Лулу не може да заспи.
Сви остали већ сањају — ајкула, слон, мали миш, змај, кенгур, витез, мајмун, пилот. И лавић. Чак и медведу се скоро затварају очи.
Слушај Медо, да ли ме водиш са собом у твој сан?

Lulu ne može da zaspi. Svi ostali već sanjaju — ajkula, slon, mali miš, zmaj, kengur, vitez, majmun, pilot. I lavić. Čak i medvedu se skoro zatvaraju oči.
Slušaj Medo, da li me vodiš sa sobom u tvoj san?

Tout de suite, voilà Lulu dans le pays des rêves des ours. Nounours attrape des poissons dans le lac Tagayumi. Et Lulu se demande qui peut bien vivre là-haut dans les arbres ?

Quand le rêve est fini, Lulu veut encore une aventure. Viens avec moi, allons voir le requin ! De quoi peut-il bien rêver ?

И већ се Лулу налази у земљи снова медведа. Медвед хвата рибе у Тагајуми језеру. И Лулу се чуди, ко ли то тамо на дрвету живи? Када се сан заврши, Лулу жели да доживи још више. Хајде да посетимо ајкулу! О чему ли она сања?

I već se Lulu nalazi u zemlji snova medveda. Medved hvata ribe u Tagajumi jezeru. I Lulu se čudi, ko li to tamo na drvetu živi? Kada se san završi, Lulu želi da doživi još više. Hajde da posetimo ajkulu! O čemu li ona sanja?

Le requin joue à chat avec les poissons. Enfin, il a des amis ! Personne n'a peur de ses dents pointues.

Quand le rêve est fini, Lulu veut encore une aventure. Venez avec moi, allons voir l'éléphant ! De quoi peut-il bien rêver ?

Ајкула се игра јурке са рибама. Коначно има другове! Нико се не плаши њених оштрих зуба. Када се сан заврши, Лулу жели да доживи још више. Хајде да посетимо слона! О чему ли он сања?

Ajkula se igra jurke sa ribama. Konačno ima drugove! Niko se ne plaši njenih oštrih zuba. Kada se san završi, Lulu želi da doživi još više. Hajde da posetimo slona! O čemu li on sanja?

L'éléphant est léger comme une plume et il peut voler ! Dans un instant il va se poser dans la prairie céleste.
Quand le rêve est fini, Lulu veut encore une aventure. Venez avec moi, allons voir la petite souris. De quoi peut-elle bien rêver ?

Слон је лак као једно перо и може да лети! Ускоро ће да слети на небеску ливаду. Када се сан заврши, Лулу жели да доживи још више.
Хајде да посетимо миша! О чему ли он сања?

Slon je lak kao jedno pero i može da leti! Uskoro će da sleti na nebesku livadu. Kada se san završi, Lulu želi da doživi još više. Hajde da posetimo miša! O čemu li on sanja?

La petite souris visite la fête foraine. Ce qui lui plaît le plus, ce sont les montagnes russes.

Quand le rêve est fini, Lulu veut encore une aventure. Venez avec moi, allons voir le dragon. De quoi peut-il bien rêver ?

Мали миш гледа вашар. Највише му се свиђа ролеркостер.
Када се сан заврши, Лулу жели да доживи још више. Хајде да посетимо змаја!
О чему ли он сања?

Mali miš gleda vašar. Najviše mu se sviđa rolerkoster.
Kada se san završi, Lulu želi da doživi još više. Hajde da posetimo zmaja!
O čemu li on sanja?

Le dragon a soif à force de cracher le feu. Il voudrait boire tout le lac de limonade !

Quand le rêve est fini, Lulu veut encore une aventure. Venez avec moi, allons voir le kangourou. De quoi peut-il bien rêver ?

Змај је жедан од пљувања ватре. Најрадије би попио цело језеро лимунаде. Када се сан заврши, Лулу жели да доживи још више. Хајде да посетимо кенгура! О чему ли он сања?

Zmaj je žedan od pljuvanja vatre. Najradije bi popio celo jezero limunade. Kada se san završi, Lulu želi da doživi još više. Hajde da posetimo kengura! O čemu li on sanja?

Le kangourou sautille dans la fabrique de bonbons et remplit sa poche. Encore plus de ces bonbons bleus ! Et plus de sucettes ! Et du chocolat ! Quand le rêve est fini, Lulu veut encore une aventure. Venez avec moi, allons voir le chevalier ! De quoi peut-il bien rêver ?

Кенгур скаче кроз фарбику слаткиша и пуни своју торбу. Још више плавих бомбона! И више лизалица! И чоколаде! Када се сан заврши, Лулу жели да доживи још више. Хајде да посетимо витеза! О чему ли он сања?

Kengur skače kroz farbiku slatkiša i puni svoju torbu. Još više plavih bombona! I više lizalica! I čokolade! Kada se san završi, Lulu želi da doživi još više. Hajde da posetimo viteza! O čemu li on sanja?

Le chevalier a une bataille de gâteaux avec la princesse de ses rêves. Ouh-la-la, le gâteau à la crème a raté son but !
Quand le rêve est fini, Lulu veut encore une aventure. Venez avec moi, allons voir le singe ! De quoi peut-il bien rêver ?

Витез води битку тортама са својом принцезом из снова. Ох! Крем торта је промашила мету! Када се сан заврши, Лулу жели да доживи још више. Хајде да посетимо мајмуна! О чему ли он сања?

Vitez vodi bitku tortama sa svojom princezom iz snova. Oh! Krem torta je promašila metu! Kada se san završi, Lulu želi da doživi još više. Hajde da posetimo majmuna! O čemu li on sanja?

Il a enfin neigé au pays des singes. Toute leur bande est en folie, et fait des bêtises.

Quand le rêve est fini, Lulu veut encore une aventure. Venez avec moi, allons voir le pilote ! Sur quel rêve a-t-il pu se poser ?

Коначно да и једном падне снег у земљи мајмуна! Цело мајмунско друштво се радује и мајмунише унаоколо. Када се сан заврши, Лулу жели да доживи још више. Хајде да посетимо пилота, у чијем ли је сну он слетео?

Konačno da i jednom padne sneg u zemlji majmuna! Celo majmunsko društvo se raduje i majmuniše unaokolo. Kada se san završi, Lulu želi da doživi još više. Hajde da posetimo pilota, u čijem li je snu on sleteo?

Le pilote vole et vole. Jusqu'au bout du monde, et encore au delà, jusqu'aux étoiles. Jamais aucun pilote ne l'avait fait.

Quand le rêve est fini, ils sont déjà tous très fatigués, et n'ont plus trop envie d'aventures. Mais quand même, ils veulent encore voir le bébé lion. De quoi peut-il bien rêver ?

Пилот лети и лети. До краја света, па чак и даље до звезда. Ниједан други пилот није то успео. Када се сан заврши, сви су већ јако уморни и не желе више тако пуно да доживе. Али лавића желе још да посете. О чему ли он сања?

Pilot leti i leti. Do kraja sveta, pa čak i dalje do zvezda. Nijedan drugi pilot nije to uspeo. Kada se san završi, svi su već jako umorni i ne žele više tako puno da dožive. Ali lavića žele još da posete. O čemu li on sanja?

Le bébé lion a le mal du pays, et voudrait retourner dans son lit bien chaud et douillet.
Et les autres aussi.

Et voilà que commence …

Лавић има чежњу за домом и жели да се врати у топли и удобан кревет.

И остали исто тако.

И тамо почиње ...

Lavić ima čežnju za domom i želi da se vrati u topli i udoban krevet.

I ostali isto tako.

I tamo počinje ...

... le plus beau rêve
de Lulu.

... Лулин
најлепши сан.

... Lulin
najlepši san.

Traduction:

Martin Andler (français)

Karmen Fedeli (serbe)

Livre audio et vidéo :

www.sefa-bilingual.com/bonus

Accès gratuit avec le mot de passe:

français: **WSFR1527**

serbe: **audio not yet available**

Nous nous efforçons de rendre le plus grand nombre possible de nos livres bilingues disponibles sous forme de livres audio et de vidéos.

Ulrich Renz · Marc Robitzky

Les cygnes sauvages
Дивљи Лабудови / Divlji Labudovi

D'après un conte de fées de

Hans Christian Andersen

français — bilingue — serbe

Il était une fois douze enfants royaux — onze frères et une sœur ainée, Elisa. Ils vivaient heureux dans un magnifique château.

Некада давно било је дванаест краљевске деце – једанаест браће и једна старија сестра, Елиза. Живели су срећно у прелепом дворцу.

Nekada davno bilo je dvanaest kraljevske dece–jedanaest braće i jedna starija sestra, Eliza. Živeli su srećno u prelepom dvorcu.

Un jour, la mère mourut, et après un certain temps, le roi se remaria. Mais la nouvelle épouse était une méchante sorcière. Elle changea les onze princes en cygnes et les envoya dans un pays éloigné, au delà de la grande forêt.

Једног дана мајка је умрла, а нешто касније краљ се поново оженио. Нова жена, међутим, била је зла вештица. Претворила је тих једанаестеро принчева у лабудове и послала их је у једну далеку земљу изван велике шуме.

Jednog dana majka je umrla, a nešto kasnije kralj se ponovo oženio. Nova žena, međutim, bila je zla veštica. Pretvorila je tih jedanaestero prinčeva u labudove i poslala ih je u jednu daleku zemlju izvan velike šume.

Elle habilla la fille de haillons et enduisit son visage d'une pommade répugnante, si bien que son propre père ne la reconnut pas et la chassa du château. Elisa courut vers la sombre forêt.

Девојку је обукла у крпе и мазала јој лице са ружном масти, тако да чак и њен отац ју није више препознао те је отерао из замка. Елиза је побегла у мрачну шуму.

Devojku je obukla u krpe i mazala joj lice sa ružnom masti, tako da čak i njen otac ju nije više prepoznao te je oterao iz zamka. Eliza je pobegla u mračnu šumu.

Elle était alors toute seule et ses frères lui manquaient terriblement au plus profond de son âme. Quand le soir vint, elle se confectionna un lit de mousse sous les arbres.

Сада је била сасвим сама и чезнула је за својом несталом браћом из дубине своје душе. Када је дошло вече, направила је себи кревет од маховине испод дрвећа.

Sada je bila sasvim sama i čeznula je za svojom nestalom braćom iz dubine svoje duše. Kada je došlo veče, napravila je sebi krevet od mahovine ispod drveća.

Le lendemain matin, elle arriva à un lac tranquille et fut choquée de voir son reflet dans l'eau. Une fois lavée, cependant, elle redevint le plus bel enfant royal sous le soleil.

Следећег јутра дошла је до мирног језера и уплашила се када је видела свој одраз у води. Али након што се опрала, била је најлепше краљевско дете под сунцем.

Sledećeg jutra došla je do mirnog jezera i uplašila se kada je videla svoj odraz u vodi. Ali nakon što se oprala, bila je najlepše kraljevsko dete pod suncem.

Après de nombreux jours, elle arriva à la grande mer. Sur les vagues dansaient onze plumes de cygnes.

После много дана, Елиза је стигла до великог мора. На таласима љуљало се једанаест лабудових пера.

Posle mnogo dana, Eliza je stigla do velikog mora. Na talasima ljuljalo se jedanaest labudovih pera.

Au coucher du soleil, il y eut un bruissement dans l'air, et onze cygnes sauvages se posèrent sur l'eau. Elisa reconnut tout de suite ses frères ensorcelés. Mais comme ils parlaient la langue des cygnes, elle ne pouvait pas les comprendre.

Док је сунце залазило, дошло је до шуштања у ваздуху и једанаест дивљих лабудова слетело је на воду. Елиза је одмах препознала своју зачарану браћу. Али, пошто су говорили лабуђи језик, није могла да их разуме.

Dok je sunce zalazilo, došlo je do šuštanja u vazduhu i jedanaest divljih labudova sletelo je na vodu. Eliza je odmah prepoznala svoju začaranu braću. Ali, pošto cy govorili labuđi jezik, nije mogla da ih razume.

Chaque jour, les cygnes s'envolaient au loin, et la nuit, les frères et sœurs se blottissaient les uns contre les autres dans une grotte.

Une nuit, Elisa fit un rêve étrange : sa mère lui disait comment racheter ses frères. Elle devrait tricoter une chemise d'orties à chacun des cygnes et les leur jeter dessus. Mais avant d'en être là, il ne fallait pas qu'elle prononce un seul mot : sinon ses frères allaient mourir.
Elisa se mit au travail immédiatement. Et bien que ses mains lui brûlaient comme du feu, elle tricotait et tricotait inlassablement.

Дању лабудови су одлетали, а ноћу сестра и браћа су спавали приљубљени један уз другог у једној пећини.
Једне ноћи, Елиза је имала чудан сан: Њена мајка јој је рекла како би могла ослободити своју браћу. Мора да исплете сваком лабуду мајицу од коприве коју ће им да набаци. Али до тада није смела да говори ни реч, јер би иначе њена браћа морала да умре.
Елиза је почела одмах да ради. Иако су јој руке гориле као ватра, неуморно је плела даље.

Danju labudovi su odletali, a noću sestra i braća su spavali priljublljeni jedan uz drugog u jednoj pećini.
Jedne noći, Eliza je imala čudan san: Njena majka joj je rekla kako bi mogla osloboditi svoju braću. Mora da isplete svakom labudu majicu od koprive koju će im da nabaci. Ali do tada nije smela da govori ni reč, jer bi inače njena braća morala da umre.
Eliza je počela odmah da radi. Iako su joj ruke gorile kao vatra, neumorno je plela dalje.

Un jour, des cornes de chasse se firent entendre au loin. Un prince, accompagné de son entourage, arriva à cheval et s'arrêta devant elle. Quand leurs regards se croisèrent, ils tombèrent amoureux.

Једног дана огласили су се ловачки рогови у даљини. Један принц је дојахао на коњу са својом пратњом и већ ускоро је стао пред њом. Када су угледали једно другом у очи, заљубили су се.

Jednog dana oglasili su se lovački rogovi u daljini. Jedan princ je dojahao na konju sa svojom pratnjom i već uskoro je stao pred njom. Kada su ygledali jedno drugom u oči, zaljubili su se.

Le prince prit Elisa sur son cheval et l'emmena dans son château.

Принц је подигнуо Елизу на свог коња и одвео је у свој дворац.
Princ je podignuo Elizu na svog konja i odveo je u svoj dvorac.

Le très puissant trésorier fut loin d'être content de l'arrivée de cette beauté muette : c'était sa fille à lui qui devait devenir la femme du prince !

Моћни ризничар је био све само не задовољан доласком неме лепотице. Његова ћерка је требала да буде принчева невеста.

Moćni rizničar je bio sve samo ne zadovoljan dolaskom neme lepotice. Njegova ćerka je trebala da bude prinčeva nevesta.

Elisa n'avait pas oublié ses frères. Chaque soir, elle poursuivait son travail sur les chemises. Une nuit, elle alla au cimetière pour cueillir des orties fraîches. Le trésorier l'observa en cachette.

Елиза није заборавила своју браћу. Сваке вечери је наставила да ради на мајицама. Једне ноћи изашла је на гробље да убере свеже коприве. Ризничар jy је тајно посматрао.

Eliza nije zaboravila svoju braću. Svake večeri je nastavila da radi na majicama. Jedne noći izašla je na groblje da ubere sveže koprive. Rizničar jy je tajno posmatrao.

Dès que le prince partit à la chasse, le trésorier fit enfermer Elisa dans le donjon. Il prétendait qu'elle était une sorcière qui se réunissait avec d'autres sorcières la nuit.

Чим је принц отишао у лов, ризничар дао је да Елизу баце у тамницу. Тврдио је да је она вештица која се ноћу састаје са другим вештицама.

Čim je princ otišao u lov, rizničar dao je da Elizu bace u tamnicu. Tvrdio je da je ona veštica koja ce noću sastaje sa drugim vešticama.

Au petit matin Elisa fut emmenée par les gardes. Elle devait être brûlée sur la place du marché.

У зору, стражари су одвели Елизу. Требала је да буде спаљена на тргу.

U zoru, stražari su odveli Elizu. Trebala je da bude spaljena na trgu.

A peine y fut-elle arrivée qu'onze cygnes arrivèrent en volant. Elisa, très vite, jeta une chemise d'orties sur chacun d'eux. Bientôt, tous ses frères étaient devant elle en forme humaine. Seul le plus petit, dont la chemise n'était pas terminée, avait encore une aile à la place d'un bras.

Чим је стигла тамо, изненада долетело је једанаест лабудова. Елиза је брзо набацила мајице од коприве преко сваког лабуда. Убрзо након тога, сва њена браћа стајала су пред њом у људском облику. Само најмањи, чија мајица није сасвим била завршена, задржао је једно крило уместо руке.

Čim je stigla tamo, iznenada doletelo je jedanaest labudova. Eliza je brzo nabacila majice od koprive preko svakog labuda. Ubrzo nakon toga, sva njena braća stajala su pred njom u ljudskom obliku. Samo najmanji, čija majica nije sasvim bila završena, zadržao je jedno krilo umesto ruke.

Les frères et la sœur étaient encore en train de s'étreindre et de s'embrasser quand le prince revint. Elisa put enfin tout lui expliquer. Le prince fit jeter le méchant trésorier dans le donjon. Après quoi, le mariage fut célébré pendant sept jours.

Et ils vécurent heureux et eurent beaucoup d'enfants.

Грљење и љубљење браће и сестре није имало краја ни када се принц вратио. Коначно је Елиза могла да му све објасни. Принц је дао да баце злог ризничара у тамницу. А након тога свадба се славила седам дана.
Grljenje i ljubljenje braće i sestre nije imalo kraja ni kada se princ vratio. Konačno je Eliza mogla da mu sve objasni. Princ je dao da bace zlog rizničara u tamnicu. A nakon toga svadba se slavila sedam dana.

И сви су живели срећно до краја живота.
I svi su živeli srećno do kraja života.

Hans Christian Andersen

Hans Christian Andersen est né en 1805 dans la ville danoise d'Odense et est mort en 1875 à Copenhague. Avec ses contes de fées tels que « La Petite Sirène », « Les Habits neufs de l'empereur » ou « Le Vilain Petit Canard », il s'est fait connaitre dans le monde entier. Ce conte-ci, « Les cygnes sauvages », a été publié en 1838. Il a été traduit en plus d'une centaine de langues et adapté pour une large gamme de médias, y compris le théâtre, le cinéma et la comédie musicale.

Barbara Brinkmann est née à Munich en 1969 et a grandi dans les contreforts bavarois des Alpes. Elle a étudié l'architecture à Munich et est actuellement associée de recherche à la Faculté d'architecture de l'Université technique de Munich. En outre, elle travaille en tant que graphiste, illustratrice et écrivaine indépendante.

Cornelia Haas est née en 1972 à Ichenhausen près d'Augsbourg. Après une formation en apprentissage de fabricant d'enseignes et de publicités lumineuses, elle a fait des études de design à l'université de sciences appliquées de Münster où elle a obtenu son diplôme. Depuis 2001, elle illustre des livres pour enfants et adolescents, depuis 2013, elle enseigne la peinture acrylique et numérique à la à l'université de sciences appliquées de Münster.

Marc Robitzky, né en 1973, a fait ses études à l'école technique d'art à Hambourg et à l'académie des arts visuels à Francfort. Il travaille comme illlustrateur indépendant et graphiste à Aschaffenburg (Allemagne).

Ulrich Renz est né en 1960 à Stuttgart (Allemagne). Après des études de littérature française à Paris, il fait ses études de médecine à Lübeck, puis dirige une maison d'édition scientifique et médicale. Aujourd'hui, Renz écrit des essais et des livres pour enfants et adolescents.

Tu aimes dessiner ?

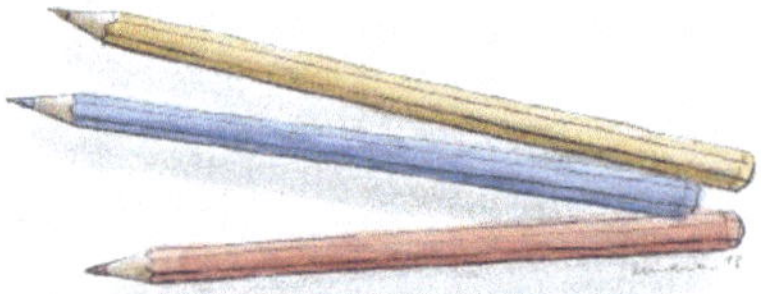

Voici les images de l'histoire à colorier :

www.sefa-bilingual.com/coloring

www.ingramcontent.com/pod-product-compliance
Lightning Source LLC
LaVergne TN
LVHW070447080526
838202LV00035B/2759